¡A MEDIR!

Medir la altura

T. H. Baer

Traducido por Esther Sarfatti

Gareth Stevens PUBLISHING

Please visit our website, www.garethstevens.com. For a free color catalog of all our high-quality books, call toll free 1-800-542-2595 or fax 1-877-542-2596.

Cataloging-in-Publication Data

Baer, T. H., author.
Medir la altura / T.H. Baer, translated by Esther Sarfatti.
pages cm. — (¡A medir!)
Includes index.
ISBN 978-1-4824-4371-4 (pbk.)
ISBN 978-1-4824-4307-3 (6 pack)
ISBN 978-1-4824-4361-5 (library binding)
1. Measurement—Juvenile literature. I. Title. II. Series: Measure it! (Gareth Stevens Publishing)
QC90.6.B34 2016
530.8—dc23

Published in 2016 by
Gareth Stevens Publishing
111 East 14th Street, Suite 349
New York, NY 10003

Designer: Laura Bowen
Editor: Ryan Nagelhout

Photo credits: Cover, p. 1 LWA/The Image Bank/Getty Images; pp. 2–24 (background texture) style_TTT/Shutterstock.com; p. 5 Christopher Hopefitch/Taxi/Getty Images; p. 7 Vstock LLC/Getty Images; p. 9 (football field) antpkr/Shutterstock.com; p. 9 (football) Pincarel/Shutterstock.com; p. 9 (1-foot ruler) Alhovik/Shutterstock.com; pp. 9, 11 (yardstick) John T Takai/Shutterstock.com; p. 11 (tape measure) Sashkin/Shutterstock.com; pp. 11, 13 (shrub) sirapob/Shutterstock.com; pp. 11, 13 (background) rangizzz/Shutterstock.com; pp. 13, 19 (tape measure) Andrey_Kuzmin/Shutterstock.com; p. 15 Jupiterimages/Stockbyte/Thinkstock.com; p. 17 Vladyslav Danilin/Shutterstock.com; p. 19 (coffee table) Fotosearch/Shutterstock.com; p. 21 Susan Law Cain/Shutterstock.com.

Printed in the United States of America

CPSIA compliance information: Batch #CW16GS: For further information contact Gareth Stevens, New York, New York at 1-800-542-2595.

Contenido

Las palabras del glosario se muestran
en **negrita** la primera vez que aparecen en el texto.

¿Qué altura tiene?

¿Qué altura tienes tú? ¿O qué altura tiene el árbol que está ahí afuera? Para saberlo, ¡tenemos que medir! La altura es una medida de distancia vertical. Seguramente el árbol es bastante más alto que tú, ¡pero solemos utilizar las mismas **unidades** para medir ambos!

Un pie es una medida

Utilizamos varias unidades para medir la altura. Una pulgada (in) es la unidad más pequeña de las medidas básicas que se utilizan en Estados Unidos. Doce pulgadas equivalen a un pie (ft). Una de las herramientas que utilizamos para medir es la regla. La mayoría de las reglas miden un pie.

= una pulgada

Otra herramienta que se utiliza para medir la altura es la yarda (yd) que tiene 3 pies de largo. La yarda equivale a tres reglas de un pie colocadas una detrás de otra. Tres pies equivalen a 36 pulgadas.

yarda

reglas de un pie

1 2 3

Un campo de fútbol mide 100 yardas de largo, lo que equivale a 300 pies. Las líneas dibujadas en el campo indican cada yarda.

¡Midamos un arbusto!

Vamos a medir este **arbusto**. Es un poco más alto que una yarda. Para medirlo, necesitaremos una herramienta que pueda medir más de tres pies. Una cinta métrica es una herramienta que se puede **extender** para medir cosas. Es mucho más larga que una yarda.

cinta métrica

Usamos pies y pulgadas para indicar la altura. Vamos a medir el arbusto con la cinta métrica. ¿Qué altura tiene? La cinta métrica indica que mide tres pies y tres pulgadas de alto. ¿Qué altura tiene el arbusto en pulgadas?

3 pulgadas

3 pies

3 pies +3 pulgadas

=

12 pulgadas +
12 pulgadas +
12 pulgadas +
3 pulgadas

=

39 pulgadas.

Los médicos a veces utilizan una tabla para medir la altura. Normalmente está colgada en la pared y te colocas delante de ella. La tabla indica qué altura tienes. La tabla de esta báscula indica que el niño mide 48 pulgadas. ¡Eso significa que tiene una altura de 4 pies!

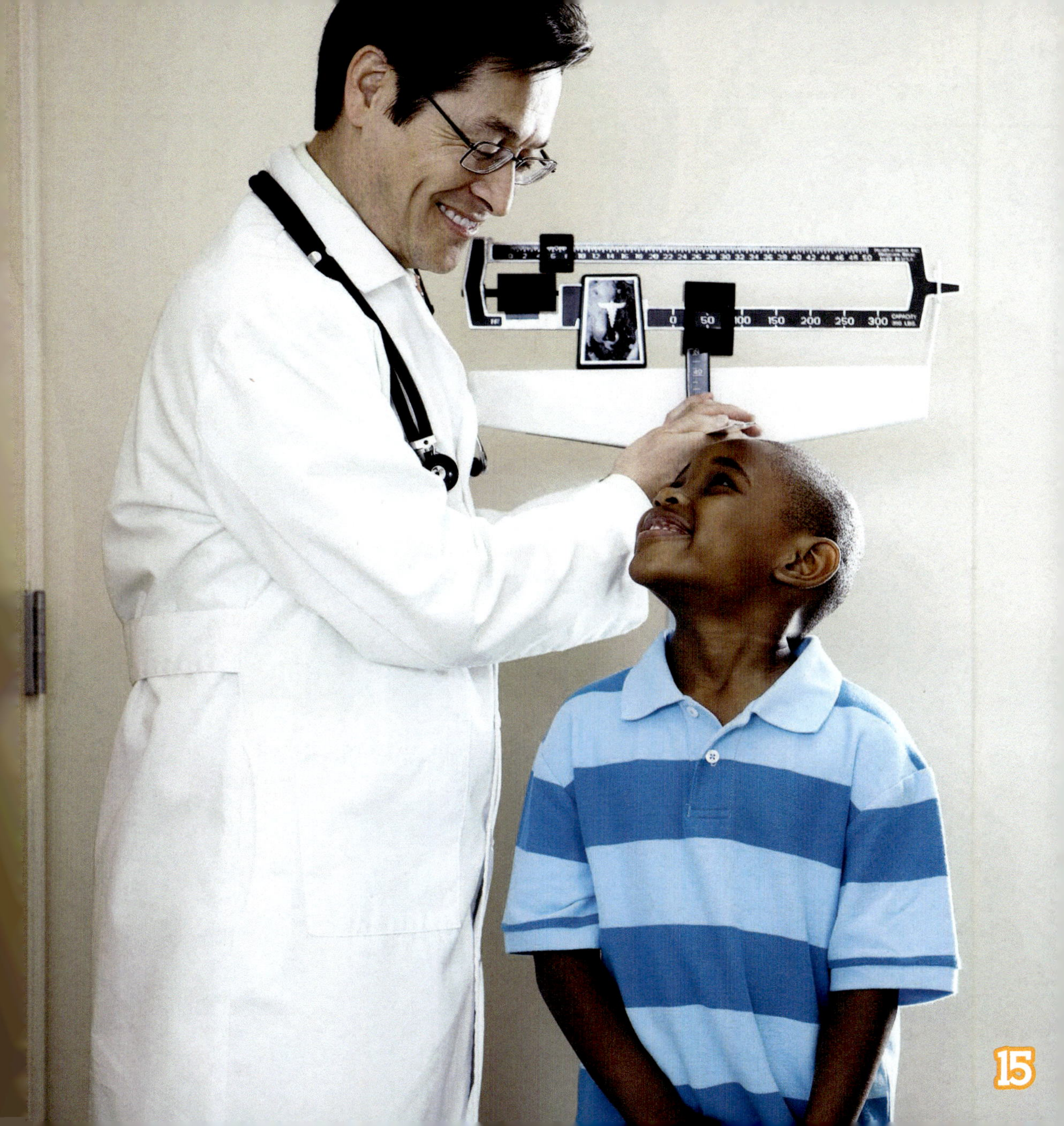

Medir en metros

En otros países se utiliza el sistema métrico para medir. El milímetro es la unidad métrica más pequeña para medir la altura. Hay 10 milímetros en un centímetro. Cien centímetros equivalen a un metro. Un metro también equivale a 1,000 milímetros.

= 1 centímetro

o 10 milímetros

Vamos a utilizar el sistema métrico y el de Estados Unidos para medir la altura de esta mesa. La cinta métrica señala que la mesa mide 24 pulgadas, o aproximadamente 61 centímetros de alto.

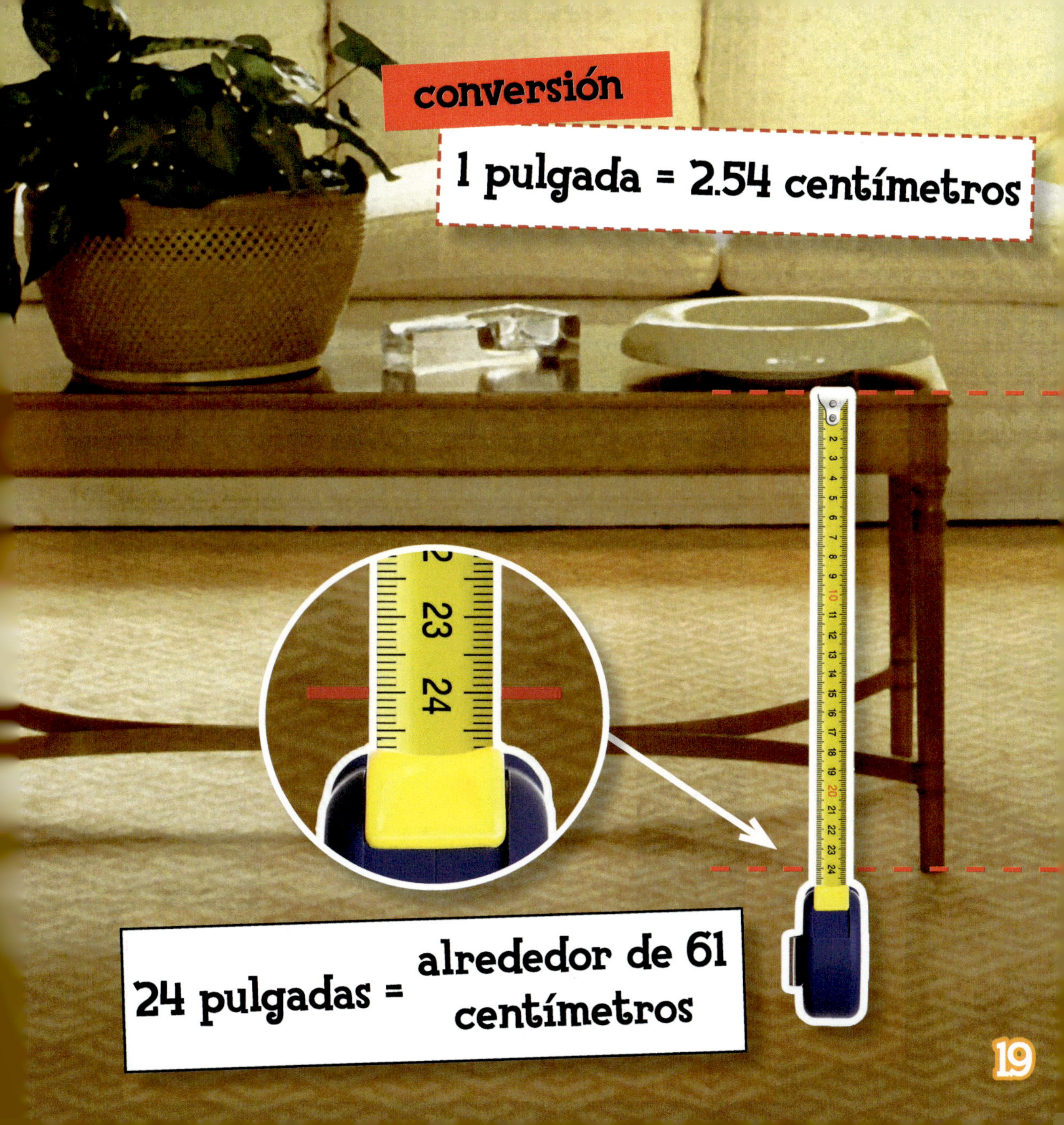

conversión

1 pulgada = 2.54 centímetros

24 pulgadas = alrededor de 61 centímetros

Piso por piso

A veces se miden los edificios altos por el número de pisos que tienen. Un piso es una planta de un edificio. Sin embargo, no es una unidad de medida exacta. La altura de un piso puede variar de un edificio a otro. ¡Hace falta tomar medidas más precisas para saber qué altura tiene un edificio de 3 pisos!

3er piso
2do piso
1er piso

Glosario

arbusto: una planta de menos altura que un árbol.

extender: expandir o alargar.

unidad: cantidad que se usa como medida. Cada parte o sección que compone un todo.

Para más información

Libros

Adamson, Thomas K., and Heather Adamson. *How Do You Measure Length and Distance?* Mankato, MN: Capstone Press, 2011.

First, Rachel. *Measure It! Fun with Length & Distance.* Minneapolis, MN: ABDO Publishing, 2016.

Sitios de Internet

Direcciones web
ducksters.com/kidsmath/units_of_measurement_glossary.php
Visita este sitio web para aprender más acerca de las diferentes unidades de medición.

Hojas de ejercicios
e-learningforkids.org/math/lesson/measuring-distances/
Pon a prueba tus habilidades de medición con los ejercicios de esta página.

Unidades de longitud
numbernut.com/prealgebra/units-length.php
Aquí podrás encontrar conversiones de otras medidas.

Nota de la editorial a los padres y educadores: Nuestros editores han revisado con cuidado las páginas en Internet para asegurarse de que son apropiadas para niños. Sin embargo, muchas páginas en Internet cambian con frecuencia, y no podemos garantizar que sus contenidos futuros sigan conservando nuestros elevados estándares de calidad y de interés educativo. Tengan en cuenta que los niños deben ser supervisados atentamente siempre que accedan a Internet.

Índice